D0612748

La danse classique

Susan Meredith

Maquette : Nickey Butler

Illustrations : Shelagh McNicholas
Expert-conseil : Nicola Katrak
Maquette complémentaire : Catherine-Anne MacKinnon

Pour l'édition française :
Traduction : Pascal Varejka
Rédaction : Renée Chaspoul et Anna Sánchez

Sommaire

La danse classique

Le ballet est une forme particulière de danse.

Les danseurs créent des formes splendides
à l'aide de leurs mouvements.

Les danseurs

Les danseurs semblent
danser sans effort, alors que
cela exige beaucoup de travail.

Ils doivent être forts
pour tenir en équilibre.

Il leur faut beaucoup
d'énergie pour sauter.

Ils doivent se plier de
façon inhabituelle.

Et ils doivent s'exercer
presque tous les jours.

Les danseuses sont
appelées ballerines.

D'ordinaire, un ballet
comporte deux
danseurs étoiles –
une ballerine et
son partenaire
masculin.

Il faut des années
d'entraînement pour
exécuter des pas
comme celui-ci.

L'histoire

Dans un ballet on ne parle pas, mais les mouvements des danseurs racontent souvent une histoire.

La musique contribue aussi à raconter l'histoire.

Quand cette bonne fée danse dans *La Belle au bois dormant*, la musique est douce et mélodieuse.

Mais la musique est
sombre et effrayante
quand la méchante
fée apparaît.

Les danseurs emploient des
gestes appelés mimiques.

Ce geste
veut dire
« J'ai peur ».

Celui-ci signifie
« S'il vous
plaît ».

Les pas de danse

Les danseurs apprennent un grand
nombre de pas et de positions.

Cette position
s'appelle une arabesque.

Les danseuses se tiennent en
équilibre sur la pointe des pieds.

Le roi Louis XIV
adorait danser et les
pas de danse ont tous
des noms français.

Les danseurs rendent les sauts légers et gracieux.
Certains peuvent faire le grand écart en l'air.

Observe les différents dessins pour voir comment
on exécute ce pas appelé pas de chat.

Créer un ballet

Pour créer un nouveau
ballet, une personne
appelée chorégraphe
décide d'associer
certains pas à
une musique.

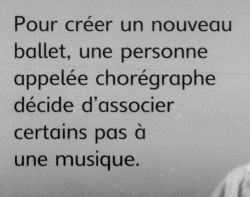

Le chorégraphe met
au point les pas avec
les danseurs.

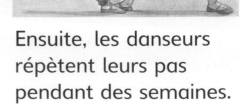

Ensuite, les danseurs
répètent leurs pas
pendant des semaines.

Ce groupe de danseuses doit bien coordonner ses mouvements.

Enfin, ils revêtent leurs costumes et répètent sur scène.

Les pas de ballet sont notés à l'aide de signes, comme la musique.

Les costumes

Les danseurs peuvent porter toutes sortes de costumes.

On a peint le corps de ce danseur pour lui donner l'air d'une statue.

Le maquillage du corps peut prendre des heures avant chaque spectacle.

Les danseurs s'habituent à leurs costumes pendant les répétitions.

Pour danser, ce costume
de rat est chaud et pesant.

Les femmes, ainsi que les
hommes, se maquillent.

Le maquillage est très
accentué, pour qu'on
voie les visages de loin.

Les tutus

Un tutu est une tenue de danse en tulle. Certains tutus ont seize couches de tulle.

Le tutu est fait d'une seule pièce. La danseuse doit l'enfiler.

Quelqu'un l'aide à le fermer. Les tutus doivent être très serrés.

Les robes longues donnent aux danseuses un air léger et aérien.

En tutu court, la danseuse peut bouger librement les jambes.

On observe plus facilement ses mouvements.

Grâce aux couches de tulle, la jupe gonfle.

Les danseuses suspendent leur tutu à l'envers pour ne pas l'abîmer.

Les chaussons

Les danseuses portent des chaussons spéciaux pour danser sur la pointe des pieds.

Ces chaussons s'appellent des pointes.

Quand une danseuse danse sur pointes, ses jambes semblent encore plus longues.

Une ballerine peut user une paire de pointes au cours d'un seul spectacle.

Le bout des pointes
est dur et plat pour
que la danseuse
tienne en équilibre.

Les danseuses cousent
des rubans à leurs
pointes pour pouvoir
les attacher.

Comme les pointes
font mal, les danseuses
les rembourrent pour
protéger leurs orteils.

Les jeunes danseuses
apprennent d'abord à
rester sur les pointes en
se tenant à la barre.

La danse en couple

Les danseurs et les danseuses dansent souvent en couple. On appelle cela un pas de deux.

Le danseur aide la danseuse à se tenir dans des positions difficiles.

Le danseur soulève la danseuse.

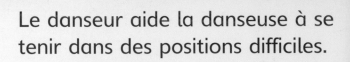

Puis il la fait redescendre dans une autre position.

La danseuse
doit pouvoir
compter sur
la force du
danseur.

Il donne l'impression
que c'est facile de la
soulever en l'air.

Les danseurs font
des exercices et
soulèvent des poids
pour s'entraîner.

La vie des danseurs

Tous les danseurs, même les plus célèbres, suivent presque chaque jour le cours d'un professeur.

Le cours commence par de nombreux exercices d'échauffement à la barre.

Ensuite, les danseurs doivent exécuter des mouvements lents et réguliers sans la barre.

Le cours se termine par des pirouettes, des sauts et des exercices sur pointes.

Après le cours, les danseurs répètent. Ils ont parfois aussi un spectacle le soir.

Cette danseuse écoute la musique sur laquelle elle danse. Elle répète en tutu, pour s'y habituer.

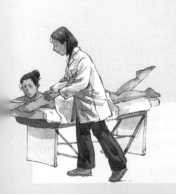

Parfois, les danseurs se blessent et il faut les soigner.

Avant le spectacle

Souvent, plusieurs danseurs doivent partager une petite loge pour se préparer au spectacle.

Cette danseuse tient ses jambes au chaud pendant qu'une autre l'aide à s'habiller.

Avant le spectacle, ils font des exercices d'échauffement.

Un haut-parleur les appelle sur scène au bon moment.

Les danseuses frottent leurs pointes dans une poudre appelée colophane pour ne pas glisser sur scène.

Ces danseuses attendent sur le côté leur tour d'entrer en scène.

La danseuse à terre a mal à la jambe.

23

L'apprentissage

On apprend d'abord à bouger en musique,
puis à interpréter des histoires.

Le professeur de danse montre ce qu'il faut faire.

Il faut tourner
les jambes et
les pieds en
dehors à partir
des hanches.

Cette position aide
à lever les jambes
bien plus haut.

24

Quand les pieds sont tendus, les jambes paraissent plus longues. Ils restent tendus pendant les sauts.

Certains professeurs font des spectacles. Ces petites filles interprètent des chenilles.

Les cinq positions

Les danseurs commencent par apprendre les deux positions de base.

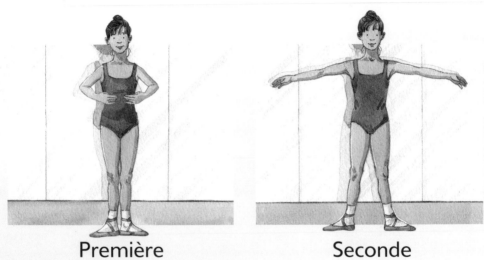

Première   Seconde

Après un certain temps, on apprend trois autres positions plus difficiles.

Troisième   Quatrième   Cinquième

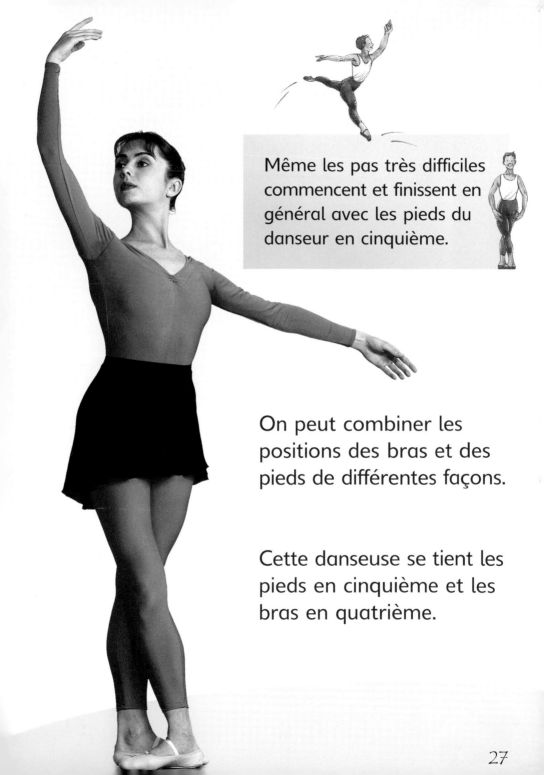

Même les pas très difficiles commencent et finissent en général avec les pieds du danseur en cinquième.

On peut combiner les positions des bras et des pieds de différentes façons.

Cette danseuse se tient les pieds en cinquième et les bras en quatrième.

27

Les écoles de danse

Les enfants qui dansent très bien peuvent aller dans une école de danse.

Pour entrer dans une école de danse, il faut passer un test.

Il faut avoir un corps parfaitement adapté à la danse.

Dans ces écoles, on suit les cours normaux et on fait beaucoup de danse.

Ces élèves tendent leurs
jambes à la barre.

Les élèves des écoles de danse
vivent en général à l'école, sauf
durant les vacances.

Vocabulaire de danse classique

Voici la liste de quelques-uns des mots utilisés dans ce livre, avec leur définition. Peut-être ne les connaissais-tu pas.

ballerine : danseuse de ballet. Les hommes s'appellent simplement des danseurs.

mimique : sorte de geste permettant de s'exprimer sans se servir de mots.

arabesque : position sur une jambe, l'autre étant tendue en l'air derrière.

répéter : se préparer à un spectacle en recommençant constamment les pas.

sur pointes : sur la pointe des pieds. Les danseuses dansent sur pointes.

barre : barre de bois à laquelle les danseurs se tiennent pendant les cours pour garder l'équilibre.

pas de deux : danse à deux. Hommes et femmes dansent ensemble des pas de deux.

Sites Web

Si tu as un ordinateur, tu peux chercher sur Internet d'autres informations sur la danse classique. Sur le site Quicklinks d'Usborne, tu peux déjà te connecter aux sites suivants :

Site 1 : Tu peux voir toute une collection de superbes photos de danse.

Site 2 : Découvre une petite histoire du ballet. Tu peux aussi imprimer les dessins et les colorier.

Site 3 : Présentation de quelques grands danseurs, avec des photos.

Site 4 : Description détaillée des cinq positions.

Pour te connecter à ces sites, va sur **www.usborne-quicklinks.com/fr**, clique sur le titre du livre, puis sur le lien du site Web qui t'intéresse. Avant de commencer à utiliser Internet, lis les conseils de sécurité donnés à la fin du livre et demande à un adulte de les consulter avec toi.

Index

Remerciements

Rédactrice en chef : Fiona Watt, Directrice de la maquette : Mary Cartwright
Maquette de la couverture : Nelupa Hussain, Manipulation photo : John Russell

Crédit photographique

Les éditeurs remercient les personnes et organismes suivants pour l'autorisation de reproduire leurs documents : © **Angela Taylor** 5, 16 ; © **Arena PAL** (Nigel Norrington) 8 ; © **Bill Cooper** 1, 6, 10-11, 12, 13, 19 ; © **Corbis** (Kurt Stier) 17, (Paul A. Souders) 21, (Annie Griffiths Belt) 22, (David Turnley) 23, (Dennis Degnan) 31 ; © **Dee Conway** 25 ; © **Eric Richmond** 15 ; © **Getty Images** (Frank Siteman) 24 ; © **Linda Rich/Dance Picture Library** couverture, 3, 7, 9, 14, 18 ; © **Photos To Go** (Jeff Greenberg) 29. Photographie de la page 27 : Bill Cooper.

Tous les efforts ont été faits pour retrouver et remercier les propriétaires de copyright. L'éditeur s'engage à rectifier toute omission éventuelle, s'il en est informé, dans toutes rééditions à venir.